26 Octobre 1904

V

VENTE

HOTEL DROUOT — SALLE N° 11

Les Mercredi 26 et Jeudi 27 Octobre 1904

A 2 HEURES 1/4

MEUBLES D'ART

Époques et Styles

XVIe, XVIIe et XVIIIe SIÈCLES

SCULPTURES SUR MARBRE

Anciennes Porcelaines et Faïences

BRONZES — TABLEAUX

Bijoux — Diamants — Pierres de couleur

BELLE BOITE EN OR DE LA REINE MARIE-CHRISTINE

Etoffes anciennes

Me F. LAIR-DUBREUIL
COMMISSAIRE-PRISEUR
6, Rue de Hanovre, 6

M. Arthur BLOCHE
EXPERT PRÈS LA COUR D'APPEL
51, Rue Saint-Georges, 51

EXPOSITION PUBLIQUE

Le Mardi 25 Octobre 1904, de 2 heures à 6 heures

4 — Console forme demi-lune en bois peint blanc et doré, bandeau à enfilage de piécettes, dessus de marbre de couleur. Epoque Louis XVI.

5 — Canapé en bois sculpté d'époque Louis XVI garni en étoffe brochée ton de cuivre.

6 — Deux bergères en bois sculpté Louis XV en étoffe brochée.

7 — Cinq fauteuils en noyer sculpté époque Louis XV garnis en étoffe imitant la tapisserie.

8 — Trois fauteuils en bois sculpté d'époque Louis XVI garnis en étoffes diverses.

9 — Meuble crédence en bois sculpté à étagère de style gothique orné de ferrures.

10 — Horloge en bois sculpté, cadran en cuivre de Haro à Paris.

11 — Buffet normand à deux corps en bois sculpté le haut ouvrant à deux portes vitrées, le bas à deux portes pleines.

12 — Petite table Louis XV en bois de placage à ornements de bronzes dorés, dessus de marbre blanc à galerie de cuivre.

13 — Jardinière carrée en marqueterie de bois orné de bronzes. Epoque Louis XVI.

14 — Glace longue Louis XVI en bois doré, fronton à carquois, fleurs et nœuds de rubans.

15 — Porte coran en bois sculpté incrusté de nacre.

16 — Tabouret Louis XV en bois sculpté et doré recouvert en soie ancienne.

17 — Ameublement de salle à manger en bois noir sculpté composé de : un grand buffet à deux corps la partie vitrée surmontée d'un fronton ; le bas ouvrant à quatre portes, une servante, une table à six allonges et douze chaises couvertes en drap rouge galonné noir.

18 — Deux fauteuils crapauds en bois doré et sculpté de style Louis XV couverts en velours frappé fond marron.

19 — Table de salon en palissandre ornée de bronzes. Style Louis XV.

20 — Petit bureau à dos d'âne en palissandre et marqueterie de bois, orné de bronzes. Style Louis XV.

21 — Petite table ovale en acajou et bronzes dorés. Styte Louis XV.

22 — Bureau de dame en bois noir, le haut à étagère et vitrine. Style Japonais.

23 — Deux canapés en bois sculpté et doré de style Louis XV garnis en soierie brochée.

24 — Paravent à trois feuilles imitant la tapisserie monture en bois peint blanc et doré.

25 — Petit paravent en étoffe.

26 — Chaise garnie en soie.

27 — Lit en cuivre avec son sommier de la maison MAPLE.

28 — Meuble à hauteur d'appui en bois de placage avec tablette d'angle, garni de bronzes. Style Louis XVI.

29 — Table liseuse en bois de luxe satiné. XVIIIe siècle.

30 — Table forme rognon en acajou Louis XVI.

31 — Table ovale en marqueterie de bois. Style Louis XVI.

32 — Console en bois sculpté, dessus en marbre. Style Louis XV.

33 — Six fauteuils en bois sculpté laqué blanc couverts en soierie brodée. Style Louis XVI.

34 — Banquette en bois sculpté laqué blanc, couverte de soierie. Style Louis XVI.

35 — Glace-trumeau avec cadre bois sculpté peint blanc et doré. Epoque Louis XV.

36 — Bureau en bois noir incrusté d'ivoire.

37 — Tabouret de piano en noyer sculpté.

38 — Bureau Louis XVI à deux corps.

39 — Buffet en acajou sculpté, le haut vitré.

40 — Table ronde en noyer à trois rallonges.

41 — Guéridon en acajou.

42 — Ameublement de salle à manger en poirier sculpté et noirci composé d'un buffet, d'un dressoir à dessus de marbre, une table et de dix chaises. Style Renaissance.

OBJETS D'ART

43 — Beau buste de femme en marbre blanc. XVIIIe siècle.

44 — Joli buste en marbre : Rêverie, signé RAFAELLO.

45 — Groupe en terre cuite : Retour des Champs, par CARRIER-BELLEUSE.

46 — Grand cartel en bronze forme lyre au milieu de gerbes de feuillages et têtes d'aigles. Style Louis XVI.

47 — Paire de grandes et belles appliques en bronze bleui et doré, modèle de Trianon. Style Louis XVI.

47 bis — Coffret en cristal taillé, monture en bronze doré. Style Louis XVI.

48 — Beau buste en bronze : La Triomphante, signé Campagne.

49 — Statuette en bronze doré : le Figaro, signée Anfries.

50 — Statuette en bronze doré : Au clair de lune, signé Bouret.

51 — Paire de flambeaux en bronze argenté. Epoque Louis XVI.

52 — Statuette en bronze : Junon, socle en marbre, Ier Empire.

53 — Deux gourdes en porcelaine de Chine, décor en bleu.

54 — Statuette en terre cuite : le Buveur, signée Xavieri et datée 1673.

55 — Guéridon support en cuivre ajouré de Perse.

56 — Vase avec couvercle en cuivre ajouré de Perse.

57 — Grand vase en porcelaine décorée monté en bronze doré.

58 — Vase rouleau en porcelaine de Chine à décor de fleurs sur fond jaune.

59 — Deux lampes à électricité formées par des vases en faïence de Satzuma, montures en bronze.

60 — Potiche avec son couvercle en faïence de Satzuma polychrome.

61 — Deux lampes en faïence de Delft montures en bronze disposées pour l'électricité.

62 — Paire de vases en porcelaine craquelée de Chine.

63 — Service de table en porcelaine blanche à décor de fleurs.

64 — Deux petits vases en porcelaine de Vienne.

65 — Trois plats ronds à bords contournés en faïence du Midi.

66 — Flambeau en porcelaine de Saxe formé par une figurine d'amour.

67 — Deux candélabres à deux lumières en porcelaine d'Allemagne, formés par des grenouilles musiciennes.

68 — Trois plaques encadrées en faïence ancienne de Castelli, représentant des sujets mythologiques.

69 — Cheval en faïence de Delft polychrome.

70 — Quatre assiettes en ancienne faïence de de Rouen à décor polychrome à la corne.

71 — Sucrier en même faïence.

72 — Coupe en porcelaine de Sèvres gros bleu relevé d'or.

73 — Grand vase en grès jaune citron de Clément Massier.

74 — Buste en porcelaine de Saxe : l'Automne.

75 — Paire de vases à collerette en porcelaine de Jacob Petit.

76 — Deux flacons en faïence blanche et rose, décorés de sujets maritimes.

77 — Petit saladier en faïence de Nevers.

78 — Boîte de flacons à odeur en verrerie ancienne.

79 — Petite statuette en bronze : Amor Gloria Victis de G. de Kervéguen.

80 — Statuette de Triboulet en bronze par Stella.

81 — Vase en porcelaine gros bleu, monture en bronze de style Louis XV.

82 — Suspension en cuivre poli à neuf lumières.

83 — Ecritoire en cuivre repoussé.

84 — Deux consoles appliques en bois sculpté.

85 — Deux consoles appliques en bois sculpté à têtes d'anges.

86 — Deux bouteilles anciennes en verre gravé.

87 — Bougeoir Louis XVI formé par un sphinx en cuivre couché sur un socle en marbre blanc.

88 — Paire de chenêts en bronze doré Louis XVI, vases sur balustrades.

89 — Petite coupe à sacrifice en porcelaine de Chine, décor en bleu.

90 — Potiche en porcelaine de Chine, parties laquées.

91 — Grand vase bleu et deux vases polychrome de Chine.

92 — Paire d'appliques sur fond de glace.

93 — Paire de flambeaux en bronze doré à médaillons.

94 — Pendule avec socle d'applique en bois des Iles, garnie de bronzes dorés.

95 — Beau groupe en bronze : Nymphe et Satyre attribué à CLODION.

96 — Paire de vases en porcelaine décorée de personnages.

97 — Buste en terre cuite : Femme du XVIIIe siècle.

98 — Plat en étain : Henri IV.

99 — Paire de girandoles en bronze argenté, style Louis XV.

100 — Paire de flambeaux en bronze de style chinois, disposés pour l'électricité.

101 — Paire de flambeaux électriques en bronze doré.

102 — Lampe de bureau disposée pour l'électricité.

103 — Paire de vases en faïence de Rouen.

104 — Plat en faïence de Rouen.

105 — Peinture sur émail : Mme de Pompadour, cadre en bois sculpté.

106 — Encrier en céramique d'art de LACHENAL.

BIJOUX, ARGENTERIE

OBJETS DE VITRINE

107 — Belle boîte en or gravé et guilloché avec chiffre de la Reine Marie-Christine, surmonté de la couronne royale tout en roses.

108 — Moutardier en argent d'époque L. XVI, modèle à écussons et guirlandes de fleurs.

109 — Garniture de corsage en argent et pierres de couleur XVIIe siècle.

110 — Miniature ronde, portrait de femme assise, dessinant un portrait. Signée CARBILLET.

111 — Garniture de bureau composée de huit pièces diverses en malachite.

112 — Montre de dame en or, à remontoir extra plate, cadran doré. Signé LECOULTRE.

113 — Collier d'opales, monture argent vermeil.

114 — Bague or et platine, rubis reconstitué entourage brillants.

115 — Marquise or et platine opale entourée de brillants.

116 — Bague or et platine turquoise avec double entourage en diamants.

117 — Collier composé d'un rang de quatre-vingt trois perles fines, fermoir enrichi d'un rubis d'Orient entre deux brillants.

118 — Flacon en or, couvercle enrichi d'un grenat, cabochon entouré de roses.

119 — Aigrette en or, ornée de brillants fantaisie.

120 — Chaîne en or enrichie de huit perles fines, pendentif orné de diamants, perles et rubis d'Orient.

121 — Paire de boutons d'oreilles, saphirs, entourés de brillants.

122 — Bague marquise Louis XVI, ornée d'un émail bleu et de diamants.

123 — Epingle de cravate forme trèfle enrichie d'une émeraude cabochon.

124 — Bourse en or.

125 — Epingle à chapeau ornée d'une grosse perle fine et de diamants.

126 — Paire de boutons d'oreilles ornés de brillants.

127 — Broche en or, forme fer à cheval, enrichie de turquoises et de roses.

128 — Broche en or forme mouche ornée de perles fines, rubis et diamants.

129 — Bague marquise ornée de brillants.

130 — Bague enrichie d'un rubis d'Orient et de brillants.

131 — Bague ornée d'un brillant.

132 — Miniature sur ivoire : portrait de femme Louis XVI.

133 — Encrier en argent avec sonnette.

134 — Encrier en argent et cristal.

135 — Poivrier et moutardier en cristal, monture en argent.

136 — Deux salières en cristal et argent.

137 — Deux plats à confitures en cristal et argent.

138 — Montre remontoir doré.

139 — Médaillon sur émail cadre doré.

140 — Canne garniture argent.

141 — Paire boutons perles et brillants.

142 — Rivière en diamants et saphirs.

143 — Broche ornée de diamants et de saphirs.

144 — Broche et épingle à chapeau avec saphirs.

145 — Epingle de cravate avec pierre bleue.

146 — Epingle de cravate, main avec rubis.

147 — Douze couteaux manches argent, trente manches ivoire.

148 — Théière en argent forme vache.

TABLEAUX

149 — **Boggs.** Le Pont royal.

150 — **Boilly** (Attribué à). Croquis au crayon.

151 — **Brown (John Lewis).** Portrait d'un personnage anglais jouant avec son chien. Signé.

152 — **Brauwer** (Genre de). Chez le pédicure. Peinture sur cuivre.

153 — **Caraciallo.** La Promenade.

154 — **Caraciallo.** A Bougival. Deux pendants.

155 — **Champagne** (**Ph. de**). Portrait de femme, robe blanche et collier de perles.

156 — **Chardiaux**. Défense de l'os.

157 — **Chenu** (**Henry**). Halte de Romanichels. Effet de neige.

158 — **Corot** (?). Paysage, le pêcheur.

159 — **Delacroix** (**Eug.**). Baigneuse. Signé Eug. Dx.

160 — **Dupray**. Officiers du Ier Empire. Deux pendants.

161 — **Ecole anglaise**. Jeune fille au grand chapeau. Pastel.

162 — **Ecole française**. Le Départ pour la promenade.

163 — **Ecole française**. Portrait d'homme.

164 — **Ecole française**. Portrait d'homme, ovale.

165 — **Ecole hollandaise**. Paysage, bord de rivière.

166 — **Ecole hollandaise**. Personnages près d'une rivière.

167 — **Ecole hollandaise**. Entrée de village.

168 — **Ecole moderne**. Vue d'un jardin.

169 — **Ecole moderne**. Chevaux à l'écurie.

170 — **Ecole moderne**. Le Duel.

171 — **Ecole vénitienne**. Portrait d'homme avec calotte rouge, armoire et inscription à gauche.

172 — **Fragonard** (Attribué). Femme étendue.

173 — **Grivol**. Au Théâtre. Deux pendants.

174 — **Guéry (Armand)**. Bords de la Suippe. Toile 61 × 46.

175 — **Guéry (Armand)**. Entrée de l'Atelier de l'Artiste, en automne. Toile H. 1 m. Larg. 73 centim.

176 — **Guéry (Armand)**. Lever de lune sur la Suippe. Etude pour le tableau du salon de 1903.

177 — **Ingres** (d'après). Scène d'intérieur, fac-simile.

178 — **Largillière** (Genre de). Portrait de dame de cour. Représentée en riche costume et manteau de velours bleu.

179 — **Lebrun**. Scène de l'Ancien Testament.

180-181 — **Lemain**. Scènes d'intérieur. Deux beaux tableaux se faisant pendants.

182 — **Libert**. Paysage. Aquarelle.

183 — **Masson** (**Bénédict**). Paysans au retour des champs. Dessin.

184-185 — **Miéris** (Ecole de). Portraits de jeunes femmes. Représentées l'une tenant une tasse et l'autre travaillant à une broderie. Deux pendants.

186 — **Molins** (de). Aux courses.

187 — **Pecrus**. Le Mousquetaire. Signé.

188 — **Pezant**. Vaches au pâturage.

189 — **Primatice** (Genre du). Vénus et l'Amour.

190 — **Robert (Paul)**. Garde national gardant les débris de la colonne Vendôme.

191-192 — **Salacha**. Paysages. Deux pendants.

193 — **Stevens**. Portrait de femme.

194 — **Sueba**. Halte devant l'auberge.

195 — **Terquem**. L'amateur de dessins.

196 — **Vernet (Carle)**. La halte.

197 — **Walker**. Officier du Premier Empire et son état-major. Signé.

198 — Deux estampes d'après Debucourt. Encadrées.

ETOFFES, TENTURES, TAPIS

199 — Garniture de meuble de salon en tapisserie au point à bouquets de fleurs sur fond crème, composé de :

Un canapé, siège et dossier; Six fauteuils, sièges et dossiers ; Quatre chaises, sièges et dossiers ; Douze bras de fauteuils.

200-202 — Trois carpettes de Smyrne fond rouge.

203 — Couvre-lit et deux lambrequins en ancien damas.

204 — Environ vingt-sept mètres d'étoffe lamée d'or.

205 — Deux paires de rideaux et tapis de table en drap rouge galonné noir.

206-209 — Quatre tapis d'Orient.

210 — Chasuble en soierie ancienne.

211 — Objets omis.

www.ingramcontent.com/pod-product-compliance
Ingram Content Group UK Ltd.
Pitfield, Milton Keynes, MK11 3LW, UK
UKHW032034260826
14628UKWH00006B/2942

9 782329 501116